Tu as vu, ils sont bien les catalogues agences immobilières en France ! Tu as jusqu'à ta prochaines visites pour trouver la demeure de tes rêves. J'en ai repéré quelques unes p. 75, 82 et 95. L'ultime choix t'appartient...
Bisous

BISOUS sophie

WAF! WAF! 😮😮 HOXBOW.

cocou

Y-aura t'il quelques photos (pas TOUPÉES ??) pour illustrer la superbe ballade que nous avons fait ensemble. Bisous et reviens vite, il reste tellement de belles choses à voir (le Pont du gard, par exemple ...
lily (19 octobre 1997)

Dommage que le couvent de St Maximum soit fermé. tu aurais pu trouver une demeure pour pas chère
André le 19/10/97

BISOUS AXEL.

Je trouve que la pièce du hasard fut bien inspirée de ne pas tomber sur Montohanin. Viens par là, on est bien, bisous, Lionel.

AIX-EN-PROVENCE

Editions AUBANEL

Editions AUBANEL
93-95, rue Vendôme
69006 LYON
ISBN : 2 7006 0214 5

AIX·EN·PROVENCE

Henri Daries - Alain Paire

Légendes anglaises de Brian et Margaret Page

Editions AUBANEL

Avant que ne surviennent les années cinquante de notre siècle qui lui redonnèrent vitalité et développement, Aix-en-Provence semble avoir arboré pour le meilleur et pour le pire les traits désuets d'un magnifique rêve de pierre, d'ombre et de lumière : après la Révolution, et pendant plusieurs décennies, l'ancienne capitale de la Provence fut menacée de langueur, d'ankylose et d'isolement. Pendant plus d'un siècle et demi, on pouvait estimer qu'à quelques nuances près, son sort était scellé : Aix-en-Provence vivait repliée sur quelques-uns des sortilèges et des mythologies de son passé et se contentait d'accroître la fragile patine des pierres de ses monuments. Un parfait connaisseur de Cézanne, l'historien d'art John Rewald qui la découvrit pour sa part pendant les années trente et qui l'aimait profondément, racontait qu'Aix "était encore avant-guerre une petite ville du Midi qui semblait restée en marge du progrès. On aurait dit que le temps s'y était arrêté depuis de longues années. Apparemment, il ne se passait jamais rien à Aix".

Pour caractériser ce profond assoupissement qui semble avoir perduré jusqu'après la Libération, on peut invoquer un témoignage chaleureux et beaucoup plus positif : il émane du grand universitaire et historien Georges Duby qui, avant d'être élu au Collège de France, s'était établi à Aix, plus précisément au Tholonet, au début des années cinquante. Dans un fragment que l'on pourrait qualifier de stendhalien ou bien de gionesque,

Georges Duby qui publia son essai d'"Ego-histoire" en 1987, affirme qu'"Aix, il y a trente-cinq ans, était charmante. Il n'existait pas en France une ville de cette taille (quarante mille habitants) qui fût encore sans faubourg. En quelques pas on passait du chant des fontaines, encore audible, aux vergers d'oliviers, aux collines. Et puis, dans les frémissements des nuits d'été, Mozart. En quel terrain plus giboyeux pouvais-je espérer poursuivre ma chasse au bonheur".

Le profond renouvellement de sa population — principalement depuis l'arrivée des rapatriés d'Algérie, à peine plus d'un aixois sur dix peut prétendre être né dans sa ville — la frappante jeunesse d'une cité qui bénéficie de l'afflux permanent de nombreux étudiants, le développement de ses fonctions anciennes et nouvelles auront permis à Aix-en-Provence de se soustraire à la plupart des scléroses qui la menaçaient. Parce qu'il souhaite se borner aux plaisirs de la promenade ainsi qu'à l'évocation du passé culturel de la ville, notre texte ne fera qu'effleurer l'actuelle modernité d'Aix-en-Provence. Il suffit cependant de s'arrêter à la terrasse d'un café du Cours Mirabeau ou bien de cheminer parmi les ruelles piétonnières pour s'en convaincre : tout en restant profondément marqué par les très grandes qualités de son vieux cadre architectural, tel qu'il fut façonné pendant les deux derniers siècles de l'Ancien Régime, Aix-en-Provence a cessé d'être une "Belle Endormie" qui se serait contentée d'héberger dans ses respectables parages des thermes romains, des fabriques de calissons, un Archevêché, une Cour d'Appel, des Tribunaux ainsi que des Facultés de Lettres et de Droit. Même intra-muros, dans le cœur de la vieille ville, si l'on excepte certains fragments de quartiers qui peuvent paraître archaïques et délicieusement provinciaux, Aix continue de muer et de s'adapter aux temps qui changent.

Avec leurs courbes ascendantes et leurs chiffres régulièrement mis à jour, tous ceux qui observent Aix-en-Provence, les historiens, les démographes ou bien les économistes ont depuis belle lurette cessé de désespérer du potentiel d'activité et des forces d'attraction d'une ville dont la population s'est considérablement accrue au cours des cinquante dernières années. Avec plus de cent vingt sept mille habitants, Aix-en-Provence figure aujourd'hui parmi les quarante-quatre villes de France qui dépassent le chiffre des cent mille âmes : les quarante mille étudiants et les sept cents mille touristes qui fréquentent chaque année cette cité — parmi ces derniers, on dénombre deux cents mille étrangers — lui donnent par ailleurs un important surcroît de ressources et de vitalité. De plus, malgré des soldes légèrement négatifs enregistrés au cours des dernières années, le Pays d'Aix se révèle capable de créer des emplois : en dépit de la funeste cherté de son patrimoine immobilier qui n'en fera jamais une ville "populaire" Aix-en-Provence n'est pas seulement une cité de retraités ou de résidents temporaires qui emploierait principalement du personnel administratif, des commerçants, des agents immobiliers, des universitaires, des avocats et des magistrats. Pour la plupart implantées dans une très grande proximité, au Centre d'études nucléaires de Cadarache ou bien du côté de la zone industrielle des Milles, certaines de ses activités industrielles, notamment dans les domaines actuellement hautement prisés de l'informatique, de l'électronique et des nouvelles technologies, lui permettent d'affronter sans trop d'angoisse les turbulences de l'avenir immédiat. Aix-en-Provence qui avait raté la révolution industrielle du XIXe siècle en négligeant les possibilités du chemin de fer semble continuer de se moderniser et d'intéresser les investisseurs : sa créativité ne s'est pas essoufflée, son taux d'activité augmente, elle échappe au déclin économique qui frappe durement Marseille.

A l'instar de ses plus anciens habitants qui se croient trop souvent obligés de pratiquer le quant à soi, Aix-en-Provence ne se livre pas de prime abord. Dans cette ville, je préfère personnellement tel ou tel fragment, certains aspects de son cadre de vie relativement secrets et rarement familiers aux yeux des passants qui lui accordent la faveur d'une ou deux journées de flânerie. La beauté nuancée d'Aix-en-Provence, son charme tout à fait subtil réclament pourtant des modes d'appréhension plus ou moins incontournables, des passages obligés que personne ne peut escamoter. Ainsi de son artère principale, son célébrissime Cours Mirabeau dont le tracé médian fut dessiné au milieu du XVIIe siècle. Sa réalisation permit de détruire les tours et les fossés des anciens remparts et de jouxter la ville médiévale et les demeures aristocratiques du quartier Mazarin dont le chantier venait de débuter. Sous les frondaisons et les voûtes de ses platanes, on découvre selon l'heureuse expression de Francis Ponge — qui composa en 1958, pour le premier numéro de la revue aixoise L'Arc, une "Prose à l'éloge d'Aix" — un gracieux "tunnel d'ombre et de soleil où jaillissent toujours les fontaines".

Pour mémoire, on rappellera les caractéristiques, la morphologie parfaitement concertée de ce Grand Cours qui prit le nom de Mirabeau en 1876. Il s'étend sur 440 mètres de long et 42 de

large ; il comporte quatre fontaines et quatre alignements d'arbres. Ses rangées de platanes — auparavant et jusqu'en 1830, il s'agissait d'ormeaux ou bien d'acacias — délimitent l'ordonnancement général d'une scène perspectivée qui définit cinq espaces majeurs : une allée centrale qu'il faut imaginer réservée aux attelages et carrosses d'antan, deux allées latérales primitivement vouées aux promenades vespérales des couches aisées de la population et deux contre-allées qui desservent les habitations. En sus des délimitations souples de ces cinq espaces, on constate qu'une ségrégation sociale autrefois rigoureuse continue aujourd'hui encore d'induire les usages majeurs du Cours : tandis qu'adossée à la vieille ville, une première rive beaucoup plus fréquentée et beaucoup plus conviviale abrite la plupart des brasseries, des cafés et des commerces du Cours, la rive gauche de cette artère, beaucoup plus guindée, privilégie avec davantage de roideur et de discrétion des banques, un cinéma, des confiseries ou bien des demeures majoritairement réservées aux magistrats, aux médecins ou bien aux notaires de la ville.

Dans un plaisant et savant ouvrage publié en 1953, un érudit local qui avait choisi de s'appeler Marcel Provence, a retracé la plupart des péripéties qui composent la séduisante, emperruquée et quelquefois futile histoire du Cours Mirabeau. Son livre évoque par le menu chacune des architectures et des vicissitudes des anciens hôtels particuliers du Cours. Il n'omet pas de fustiger quelques-uns des désastreux avatars du patrimoine aixois que les procédures de classement en tant que monument historique ne protègent pas toujours : on en veut pour preuve ce qui a pu survenir pour deux bâtiments du grand siècle dont les intérieurs ont été profondément altérés. Tel est le cas de l'Hôtel de Forbin, situé au numéro 20 du Cours qui fut architecturé par Pierre Pavillon et dont l'escalier d'honneur, les balustrades et les colonnes furent démantelés par les services du Crédit Lyonnais. Il en alla de même au numéro 25 pour la rampe d'escalier, les ferronneries et le décor Louis XV de son vis-à-vis, l'Hôtel

D'Estienne d'Orves occupé de manière irréparable par un commerce de Monoprix. Ce qui a été commis voici quelques décennies se trouve malheureusement confirmé dans de plus faibles proportions par le laxisme des temps récents : quand on pénètre dans l'Hôtel Maurel de Pontlevès, immédiatement reconnaissable grâce au balcon et aux deux atlantes de sa façade, on est consterné par les aménagements récemment opérés par son nouvel occupant, le Ministère de la Justice qui n'a pas hésité à masquer avec un insigne mauvais goût un décor peint au dix-septième siècle par Jean Daret.

Dans son prolixe inventaire du Cours Mirabeau, Marcel Provence évoque également les savoureuses destinées d'un établissement mondialement connu, le café Louis-Philippard des "Deux Garçons" : situé en haut du Cours, au 53 bis, les verts, les ors et les palmes d'un café de style impérial reçoivent depuis près de deux siècles la fine fleur de la société aixoise ainsi que les touristes et les personnalités désireux de faire halte dans la ville. De multiples photographies permettent de camper sur la terrasse des "Deux Garçons", la Comtesse Pastré, Gabriel Dussurguet, les figures des interprètes, des metteurs en scène et des chefs d'orchestre du Festival d'Art Lyrique ou bien encore les silhouettes précisément reconnaissables de Louis Jouvet, Jean Cocteau, Pablo Picasso, François Mauriac, Pierre Jean Jouve, Darius Milhaud, Catherine Deneuve, François Truffaut, Antonioni ou Wim Wenders.

S'y rendait également, avec sa faconde et son allure irrésistibles, Cendrars qui se réfugia à Aix entre 1940 et 1948. Blaise habitait alors le n°12 de la très proche rue Clemenceau : il vivait alors l'une des plus pénibles périodes de son existence, soignait la vieille dame qu'il avait recueillie et qu'il appelait Mamanternelle, vaquait entre le Cours Mirabeau, le marché aux légumes et la maison de son unique ami aixois, le romancier-navigateur Edouard Peisson qui habitait la Malouesse, une demeure sise dans le proche village de Ventabren. D'abord désespérément voué au décentrement que lui imposait la présence de l'occupant allemand, Cendrars entreprit un soir d'août 1943, au terme de trois longues années de complet silence, d'écrire depuis Aix son merveilleux "Homme Foudroyé". Quand

on passe rue Clemenceau, on peut tenter d'imaginer l'énergie et la vitalité des séances de travail de Blaise Cendrars qui avait pris l'habitude de s'enfermer dans son mauvais grenier pour taper comme un forcené sur sa vieille machine à écrire, entre minuit et huit heures du matin. Robert Doisneau qui rencontra Cendrars à Aix pendant l'automne de 1945 a laissé à ce propos d'admirables photographies assorties d'un parfait descriptif : "Blaise Cendrars écrivait dans une cuisine, commodité de chauffage probablement, sur une table de rien du tout, face au mur, avec juste la place pour le bloc de feuilles blanches qui poussait deux machines à rouler les cigarettes, un encrier, un poste de radio et le mille feuilles du manuscrit en cours. Au-dessus pendouillait l'abat-jour avec une enveloppe collée par un coin pour éviter de se griller les yeux"…

Parmi les silhouettes mémorables qui peuvent hanter le Cours Mirabeau, j'évoque également volontiers cet étonnant manadier camarguais, poète et romancier provençal qui s'appelait Joseph d'Arbaud. L'auteur bilingue du récit fantastique de "La Bête du Vaccarès" qui fut en librairie un succès des années vingt, habitait un appartement sis au troisième étage du 26 du Cours Mirabeau : le rez-de-chaussée de son immeuble est aisément identifiable puisqu'il est depuis longtemps occupé par la galerie associative des "Amis des Arts". En contrepoint à son œuvre littéraire, Joseph d'Arbaud fut par ailleurs l'un des animateurs de la revue régionaliste "Le Feu" qui fut un peu trop maurrassienne mais qui publia quand même des premiers textes d'Henri Bosco, Louis Brauquier, Marcel Brion, René Char, André Gaillard et André de Richaud. Son biographe Marie-Thérèse Jouveau rapporte qu'il arrivait fréquemment que d'Arbaud arbore en ville un superbe habit de cavalier camarguais : "culotte de cuir, chapeau plat, veste fauve ouverte sur sa chemise bleue". Les matins, on apercevait également notre écrivain qui fut longtemps célibataire et qui entreprenait avec beaucoup de gravité de "remplir une cruche blanche de Moustiers à la fontaine d'eau chaude".

J'achèverai mon évocation cursive du Cours Mirabeau en ajoutant que chaque année, en février, il s'y déroule un excellent critérium cycliste, "La Ronde d'Aix", qui fait virer, monter et redescendre sans relâche un peloton d'une quarantaine de routiers-sprinters soucieux d'affûter en début de saison leur forme de professionnels. Rudi Altig, Rick Van Loy et Eddy Merckx figurent parmi les nombreuses vedettes qui s'illustrèrent vaillamment sur les rives du cours Mirabeau : pendant les dernières années, l'un de ses plus valeureux vainqueurs fut Gilbert Duclos-Lasalle.

En dépit des resserrements des quartiers médiévaux où l'espace vital était chichement mesuré, plusieurs générations d'édiles, de nobles, de parlementaires ou d'entrepreneurs aixois ont progressivement agencé et modifié avec beaucoup de doigté et d'empirisme l'élargissement de leur cité. Jusqu'au dix-neuvième siècle, les agrandissements d'Aix, ses créations de nouveaux quartiers et ses opérations d'embellissement permirent d'ouvrir sous la forme de places, de promenades ombragées ou bien de fontaines, d'agréables articulations, des espaces de transition, des lieux de prestige et d'ostentation, des points de repos, de rafraîchissement, de rencontre et de convivialité. Beaucoup plus qu'avec les fortes ponctuations de ses magnifiques hôtels particuliers qui peuvent paraître quelque peu altiers, monumentaux et fastueux, c'est à mon sens cet urbanisme vivace, généreux et raffiné qui aujourd'hui encore donne la secrète musicalité, le ton et les rythmes tout à fait particuliers d'Aix-en-Provence où l'on continue par exemple de pouvoir faire quotidiennement son marché en flânant parmi les fruits, les légumes et les poissons des chalands de la Place Richelme. Malgré certains cloisonnements pernicieux qui entravent lourdement ses formes de sociabilité, Aix est à bien des égards une ville plus ou moins donjuanesque, légère, solaire et désinvolte où l'on peut toujours s'inviter et s'attarder pour converser à la terrasse d'un café pendant les belles saisons de l'existence : une remarquable qualité de vie, quelque chose qui relève d'une indéniable saveur de civilisation constitue l'un des plus précieux privilèges de cette ville.

Si l'on médite davantage à propos des ressources d'un privilège à ce point inévaluable, on se prend à espérer que pendant les prochaines années, des réalisations hâtives, compactes ou bien maladroites ne viendront pas remettre en cause les fondements d'un équilibre fatalement fragile. Si l'on envisage le développe-

ment de la Z.A.C. de Sextius Mirabeau qui modifiera prochainement la configuration du centre de la ville, force est de constater que les premiers et fort médiocres bâtiments pour la plupart réalisés dans cette zone d'aménagement avec des capitaux privés ne sont malheureusement pas la marque d'un très bon goût. De même, quand on songe au mauvais pastiche qui remplace en bordure de boulevard périphérique le très mémorable Hôtel du Roi René qui faisait la joie de tous ceux qui venaient emprunter à la façon de Paul Morand et de Charles Trenet la Nationale 7, on se dit que les projets des décideurs et des investisseurs locaux ne sont pas actuellement inspirés par d'élémentaires soucis de beauté : à quelques exceptions près, les agences d'architectes qui ont pu travailler à Aix-en-Provence au cours des vingt dernières années ne méritent pas de succéder à quelqu'un d'envergure comme Fernand Pouillon dont les trop rares réalisations en territoire aixois — entre autres, au commencement de la route des Alpes, les "200 logements" — étaient beaucoup plus pertinentes, quoique sans doute moins lucratives.

Ici encore, si l'on contemple par exemple les nombreuses petites places dotées de fontaines qui agrémentent le parcours de la cité, les intuitions des meilleurs siècles aixois doivent être méditées. Les maîtres-fontainiers de l'Age Baroque étaient le plus souvent des artistes authentiques, des sculpteurs confirmés, quelquefois des architectes qui avaient fait leurs preuves. C'est à Jacques Fossé — auteur des paisibles atlantes du Cours Mirabeau ainsi que des stucs d'une "Assomption" nichée dans une chapelle de la Cathédrale Saint-Sauveur — que l'on doit le dessin et la réalisation des vasques aujourd'hui mutilées de la Fontaine des Neuf Canons du Cours Mirabeau. De même, les proches de l'archevêque Michel Mazarin confièrent au sculpteur-architecte Jean-Claude Rambot (1621-1694) le soin de concevoir en 1667 la Fontaine des Quatre Dauphins qui fut édifiée entre rue Cardinale et rue du quatre Septembre, au croisement des deux grands axes du Quartier Mazarin. Dans le droit fil de la perspective de l'église Saint-Jean-de-Malte, la fontaine de J-C Rambot installe près des marronniers des quatre coins de la place une composition à la fois solide et exubérante qui associe dans un audacieux collage les formes candidement épanouies des dauphins et la prestance classique d'un obélisque d'inspiration romaine. La réussite de cette scénographie assura vraisemblablement à ce sculpteur d'origine franc-comtoise des commandes de première importance : les atlantes du Pavillon Vendôme, les sculptures des chimériques porte-faix de l'Hôtel d'Agut ainsi que celles de l'Hôtel d'Arbaud dont Jean-Claude Rambot fut également l'architecte.

Quelques autres places et fontaines d'Aix méritent un indispensable détour. En amont de la rue Espariat, à proximité du monumental portail à carrosses de l'Hôtel Boyer d'Eguilles qui abrite aujourd'hui le Museum d'Histoire Naturelle, on ne peut pas ne pas affectionner la sobre élégance de la Place Albertas. Superbement dimensionné et remarquablement préservé, son espace homogène est le résultat d'une opération immobilière privée menée pendant six ans, à compter de 1735, par la famille d'Albertas qui désirait unifier son environnement immédiat tout en dégageant l'accès du portail de son hôtel. Sur les décombres des maisons que d'Albertas avait rachetées, on aménagea le bel ovale des façades d'une place Royale en réduction dont les pavements, l'entourage et la fontaine installée beaucoup plus tardivement, font à présent les délices de tous les promeneurs. Dans le courant des années soixante-dix, quand la Municipalité de Félix Ciccollini soutenait ardemment les programmes estivaux de "Musique dans la rue", les aixois et les touristes venaient très volontiers s'asseoir sur les pavés moussus de la place Albertas afin d'écouter nuitamment les quatuors et les trios à cordes invités par "France-Musique".

Le promeneur aixois peut également faire une escapade en contrebas de la Place des Cardeurs pour découvrir dans un quartier beaucoup plus discret la Place des Fontêtes. Au centre de cette place on aperçoit sur les quatre faces d'un piédestal quatre petits mascarons de fonte à tête de lion ou d'angelot. Au sommet du piédestal, figure un vigoureux angelot joufflu, un adolescent coiffé de lauriers qui souffle avec beaucoup d'allégresse dans une corne tout en chevauchant une tortue. Pour clore cette brève vision des fontaines d'Aix — au total, on en dénombre intra-muros plus d'une vingtaine, anciennes ou modernes — on s'arrêtera en zone piétonne, rue des Chapeliers, pour remarquer la Fontaine des Bagniers dont les deux cracheurs d'eau sont surmontés par un médaillon de Cézanne, réalisé d'après un dessin de Renoir. Dans un autre quartier, proche du Théâtre du Jeu de Paume, on peut également contempler une fontaine attribuée au ciseau du sculpteur Jean-Pancrace Chastel (1726-1793). A mi-pente de la rue de la Mule noire, rue Fontaine d'Argent, sous les frontons d'un mur incurvé, on aperçoit deux masques enturbannés, consciencieux et besogneux que certains aixois irrévérencieux ont coutume d'appeler avec un joyeux anachronisme les "Deux Dupont". Pour sa part, Chastel est l'auteur du fronton en pierre de Calissanne de la Halle aux Grains où l'on voit côte à côte les allégories du Rhône et de la Durance ; il érigea également la Fontaine de la Place de l'Hôtel de Ville ainsi que le grand obélisque de la Place des Prêcheurs.

Aix n'est pas seulement l'un des hauts lieux de l'architecture et de l'urbanisme français. Pour toutes sortes de raisons qui relèvent pour partie des qualités de sa lumière et pour une autre partie des audaces de ses commanditaires et surtout de ses artistes, l'ancienne résidence des comtes de Provence constitua également, sur la route de l'Italie, un site original, un maillon majeur pour l'histoire de la peinture européenne. Grâce à l'apparition dans ses murs de deux chefs d'œuvre de l'art du quinzième siècle, "L'Annonciation" de l'Eglise de la Madeleine des Prêcheurs (1443-1444) et le triptyque du "Buisson Ardent" de Saint-Sauveur (1475-1476), Aix occupa dans le prolongement d'Avignon et pendant quelques décennies, le rang d'une capitale de l'art européen. Entre Flandres et Italie, la cité du Roi René assuma le rôle d'un creuset essentiel puisqu'elle commandita des réalisations de Barthelemy d'Eyck et de Nicolas Froment. Septentrionaux d'origine, ces deux artistes se révélèrent capables de comprendre et d'exprimer la lumière des lieux où ils vivaient, tout en ressourçant dans leur travail pictural les meilleurs enseignements de l'Ecole Flamande.

Moins connue que le triptyque de Nicolas Froment et moins aisément dans sa chapelle de l'Eglise de la Madeleine, l'Annonciation d'Aix exerce sur ses spectateurs une profonde fascination : financée par un riche marchand-drapier aixois, cette œuvre malheureusement démembrée — certains de ses panneaux sont dispersés entre Amsterdam, Rotterdam et Bruxelles — est attribuée à Bartelemy d'Eyck, un peintre et enlumineur visiblement familier des travaux de Van Eyck, de Claus Sluter ainsi que du Maître de Flémalle. Les ombres et les lumières qui découpent les silhouettes agenouillées et richement vêtues de la Vierge et de l'Ange Gabriel révèlent une fine observation des spécificités de l'éclairage méditerranéen. Beaucoup de gloses ont été accumulées à propos de cette Annonciation : quelques-uns de ses regardeurs — entre autres, Emile Henriot — ont voulu y voir la marque d'une hérésie. De fait, sur ce tableau où Dieu le Père apparaît sur un coin du registre supérieur gauche, la Vierge s'apprête à accueillir le corps d'un enfançon déjà formé : dans l'iconographie de l'époque. l'Immaculée Conception est de préférence suggérée par le chaste vol d'une colombe. Des détails supplémentaires — par exemple, des animaux insolites, deux chauve-souris, un singe en bois sculpté ainsi que la présence de fleurs réputées maléfiques qui accompagnent le lys et les ancolies du bouquet central — sont venus aggraver ces interprétations un tantinet pointilleuses. Cependant, quand bien même il y aurait ici et là trace d'hérésie voire d'humour, l'essentiel de cette composition, c'est bien évidemment la rigueur sculpturale de son esthétique, l'intensité de sa lumière et la finesse de certains de ses détails qui laissent par exemple entrevoir derrière les ailes de l'Ange Gabriel des fragments de paysage sudiste.

Plus classiques, les commentaires des historiens d'art qui évoquent "Le Buisson Ardent" signalent tout d'abord l'installation en 1471 du Roi d'Anjou en Provence. Le Roi René confia plusieurs commandes à Nicolas Froment, un artiste originaire de la France du Nord qui s'était installé à Uzès et Avignon avant de séjourner à Aix. Saint-Sauveur ne détient pas seulement le "Buisson Ardent". Caché derrière le maître-autel de la Cathédrale, dans le fin fond de la la chapelle Saint-Mitre, on peut découvrir un second tableau de Nicolas Froment qui raconte avec vigueur et théâtralité quelques-uns des épisodes de la vie de

ce sanctifié dont la tête fut tranchée. Le robuste bourreau qui vient d'accomplir sa tâche figure au premier plan sur la droite : le salut pour ainsi dire fraternel qu'il adresse à sa victime traduit une manière d'estime et de haut le cœur extrêmement troublants. Au centre du tableau où sont également représentés les enfants des deux donateurs, le peintre inscrit l'ultime étape de cette légende dorée : Saint Mitre porte sa tête dans ses bras et se dirige vers le portail roman de la cathédrale Saint-Sauveur.

Réalisé cinq années avant "Le Buisson Ardent", le tableau de Saint Mitre, patron de la ville d'Aix illustre bien la complexité des progrès effectués en terre méditerranéenne par Nicolas Froment. Quand ils sont ouverts, les volets du "Buisson Ardent" présentent sous de lourdes tentures le Roi René et la Reine Jeanne agenouillés devant des prie-Dieu armoriés et entourés de saints protecteurs. La partie centrale du triptyque évoque la silhouette chenue du prophète Moïse hanté par l'hallucinante et malgré tout sereine apparition du Buisson Ardent : juchée parmi plusieurs plants de chênes verts, de palmes, de ronces et de fleurs qui remplacent les flammes de l'iconographie classique, on aperçoit la Vierge qui tient sur ses genoux un enfant-Jésus occupé à jouer avec un miroir. Toutes sortes de traits étayent l'originalité de cette création extrêmement élaborée où se conjoignent habilement la géographie locale, les signes du pouvoir ainsi que l'Ancien et le Nouveau Testament. Vêtu comme un simple gardien de troupeaux de moutons, Moïse est en train de détacher paisiblement l'une de ses sandales, l'Ange porte une croix sur le front, un magnifique paysage s'étend de part et d'autre de la butte du Buisson Ardent. Sur ce paysage de belle amplitude, on distingue clairement une végétation aérée, les méandres et les îles d'un fleuve, des ponts, des remparts et des maisons. Dans son livre consacré à "L'Ecole d'Avignon", Michel Laclotte identifie péremptoirement le site de ce paysage illuminé par "une lumière blonde". A ses yeux, Nicolas Froment aurait représenté "pour la première fois en peinture, Avignon vu de Villeneuve : le pont Saint-Bénézet, le rocher des Doms, le Palais, la ville et son port".

Toutes les beautés d'Aix ne sont certes pas évoquables à l'intérieur d'un texte qui se veut bref. Au 19 de la rue Gaston de Saporta, entre Hôtel de Ville et Cathédrale il ne faut pourtant pas manquer de s'arrêter devant la façade malheureusement arasée de l'ancien Hôtel de Chateaurenard. Son portail n'a pas les qualités immédiatement apparentes de ses proches voisins : l'Hôtel Estienne de Saint-Jean qui abrite le Musée du Vieil Aix ou bien encore, plus en amont, l'Hôtel Maynier d'Oppède qui fut autrefois le siège de la Faculté des Lettres où Georges Duby commença sa carrière. Il faut pénétrer dans la cour intérieure de cet Hôtel pour découvrir un chef d'œuvre qui cette fois-ci conjugue ensemble la peinture et l'architecture : le somptueux escalier en trompe-l'œil réalisé en 1654 par Jean Daret, un peintre d'origine bruxelloise installé en Provence dès l'âge de 22 ans.

Avant de se fixer à Aix, Jean Daret avait voyagé et séjourné en Italie, à Bologne et peut-être à Rome. La cage intérieure de son escalier d'apparat est le fruit d'une étroite collaboration avec le meilleur des architectes aixois, Pierre Pavillon à qui l'on doit également l'escalier monumental de l'Hôtel de Ville. Le commanditaire était un magistrat conseiller au Parlement Jean-François Aymar, baron de Chateaurenard. Son trompe-l'œil met en scène des balustrades ouvragées, la fiction d'une loggia et de grandes niches : il donne à contempler des colonnes doriques, des simulacres de sculptures, des fausses fenêtres — l'une d'entre elles comporte un rideau rouge entrouvert par la silhouette rêveuse d'un jeune valet — la haute cage d'un perroquet et la vue plus lointaine d'un jardin printanier, avec des cyprès et des arbres frissonnants. Une Minerve casquée et ailée occupe le plafond peint. Sur le pourtour de la cage d'escalier on aperçoit de grands oculus et des bandeaux peints qui célèbrent

les arts libéraux, la peinture, la musique, les mathématiques et l'astronomie.

Avec ses perspectives feintes et ses colorations douces, la singulière réussite de cet

espace illusoire suscita l'enthousiasme de Louis XIV, réceptionné dans cette demeure un jour de 1660. L'historien et chroniqueur Joseph de Haitze rapporte que le roi… "commanda à ses gardes du corps d'avoir soin qu'on ne gâtât rien"… Tout le beau monde savant qui l'accompagnait donna de l'encens au peintre". Des églises du Pays d'Aix, quelques collectionneurs et plusieurs musées conservent quelques-unes des toiles de Jean Daret (1613-1688) qui fut au XVII⁰ siècle le mieux "achalandé" de tous les peintres aixois : au 29 de la rue Cardinale, une plaque mentionne l'emplacement de l'hôtel particulier de belle allure qui fut sa demeure privée dans le quartier Mazarin. Parmi les musées où figurent des œuvres de Jean Daret, on peut citer le Musée Longchamp de Marseille, l'Ermitage de Saint Pétersbourg ainsi que la Yale University Art Gallery qui détient une magnifique "Joueuse de luth" d'inspiration caravagesque. Pour sa part, le Musée Granet d'Aix présente dans ses collections permanentes un portrait de Daret qui représente un joueur de guitare en costume jaune paille et vert.

Après avoir admiré l'espace illusoire conçu par Jean Daret, une fois dépassé le parvis de la cathédrale Saint-Sauveur, on peut aller plus loin du côté des anciens faubourgs : quelques centaines de mètres plus haut, on franchit la frontière des vieux remparts d'Aix pour venir apprécier, au début de l'avenue Pasteur, l'un des uniques monuments réalisés en France pendant l'époque révolutionnaire : en l'occurrence, un insolite mausolée érigé en 1792 aux dépens d'un singulier personnage qui s'appelait Joseph Sec. Un petit ouvrage conçu par l'historien Michel Vovelle à propos de cette "énigme architecturale" livre quelques-unes des clefs d'interprétation de ce monument.

Ancien membre de la confrérie des Pénitents Gris devenu conformément au célèbre schéma de Maurice Aguhlon un adepte de la franc-maçonnerie, Joseph Sec (1715-1792) avait fait fortune en tant que marchand de bois du côté de la Durance et de Cadenet. Pendant les trente dernières années de son existence, il était devenu à force d'emprunts et de spéculations un riche propriétaire : au soir de sa vie, il possédait sur les terres d'Aix qui voisinent son mausolée six mille mètres carrés sur lesquels il avait bâti dix-sept maisons. Quand survinrent les évènements de

1789, ce spéculateur avisé devint un notable sincèrement favorable aux changements qui avaient commencé de bouleverser la société. En tant que lecteur des pamphlets et des philosophes de son temps, cet homme d'ordre et de raison croyait en l'Etre Suprême et au pouvoir de la Loi. Sur une inscription lisible sur la partie droite de son monument, Joseph Sec se définissait comme "un fidèle observateur des lois" : ... "il mourrait plutôt que de s'en écarter".

Un rien grandiloquents, la rhétorique et le cryptage du monument Sec énoncent, conformément aux convictions de leur commanditaire, les fondements d'un hymne à la Loi et à la Justice. La structure pyramidale du mausolée comporte deux niveaux. De chaque côté de sa partie médiane où figure Moïse porteur des Commandements de Dieu, on aperçoit deux silhouettes drapées à l'antique; en tant que personnage de l'Ancien Testament, Moïse constitue ici une transition par rapport aux nouvelles croyances beaucoup plus laïques que le monde post-révolutionnaire semble pouvoir adopter. A droite, le sculpteur a représenté l'Europe coiffée d'une perruque. A gauche, les cheveux crépus d'un second personnage symbolisent l'Afrique. Sous le piédestal de l'Afrique on aperçoit un bas-relief qui silhouette le charpentier Joseph, le saint qu'affectionnait notre sympathique promoteur immobilier. Proche de la confession autobiographique, le texte qui légende cette vignette répète que Joseph est "sorti d'un cruel esclavage" et que "de sa liberté il ne fera pas d'autre usage que d'obéir à la loi". Soulignée par les gestes enthousiastes et démonstratifs qui animent les statues de l'Europe et de l'Afrique, une progression irrésistible conduit le regard jusqu'au sommet de l'édifice. Tout en haut, juché sur son ultime piédestal et entouré de quatre pots à feu, figure une très sereine Justice, casquée et armée d'une pique, reconnaissable aux plateaux de la balance qu'elle serre d'une main.

Pour continuer d'apprécier la peinture et le passé des arts d'Aix-en-Provence, une visite du Musée Granet s'impose. Construit près de l'église Saint-Jean-de-Malte, l'ancien prieuré des Hospitaliers de Saint-Jean-de-Jérusalem pérennise le nom de l'un des ses donateurs. Parmi les bienfaits issus de la collection personnelle du peintre François-Marius Granet figure en première ligne son portrait, exécuté en 1807 à Rome par son ami Jean-Dominique Ingres. L'une des particularités de ce tableau est d'arborer des traces de repentir : dans son essai publié chez Skira en 1967, Gaetan Picon rappelle que "le portrait de Granet est à peu près le seul où se retrouvent les traces de la brosse". Dans le même essai, Gaetan Picon mentionne que pendant ses brèves années vécues au château de Vauvenargues, il arrivait que Pablo Picasso se déplace spécialement jusque vers le Musée d'Aix, pour mieux contempler "Jupiter et Thétis", la gigantesque et malgré tout savoureuse figure de peplum 3,21 m x 2,5 m, également due au pinceau d'Ingres qu'on aperçoit aujourd'hui au terme de l'une des travées du premier étage du prieuré.

Granet fut finalement le moins provençal des peintres provençaux. Après son temps de formation vécu auprès du bon et vénéré maître aixois, le très classique paysagiste Constantin (1756-1844), il s'en alla vivre vers Paris et l'Italie, devint par la suite conservateur du musée de Versailles. Pendant le dernier quart de sa vie, malgré son amour du soleil et son attachement proclamé pour sa terre d'origine, Granet n'aura vécu que cinq années en Provence. De plus, pendant ses séjours à Aix, la peinture n'était pas son occupation majeure : sa famille, les loisirs et les conversations amicales, l'acquisition et l'entretien sur le chemin de Berre de sa bastide de Malavat, le requéraient davantage. Au total, les cloîtres et leurs moines, la peinture d'histoire, Rome, Tivoli et la campagne d'Italie ainsi que les paysages de l'Ile-de-France provoquèrent davantage son imagination. A la ville d'Aix proprement dite, il préférait les abords des demeures de ses amis, également propriétaires de bastides, la vision d'une campagne jamais lourdement solaire, presque italienne, surprise en arrière-saison, dans ses aspects les plus verdoyants. Plutôt que certaines de ses toiles, je préfère le plus souvent rencontrer quelques-unes de ses aquarelles. Très librement exécutées, elles évoquent avec une grande fraîcheur des chemins creux, les lointains horizons de l'Etoile, du Pilon du roi et de la Sainte-Victoire ou bien encore sa collection d'antiques, le jardin, les cyprès et la terrasse de Malavat où il vécut les derniers instants de sa vie, le 21 novembre 1849.

A côté du legs de François-Marius Granet qui offrit l'essentiel de son œuvre ainsi que sa collection personnelle, le musée d'Aix bénéficia d'une succession de donations issues des fonds et des cabinets de curiosités des notables aixois dont on lit les noms sur certains cartels. Parmi ces donateurs, on mentionnera Fauris Saint-Vincent et Bourguignon-Fabregoules : conseiller honoraire, ce dernier confia en 1863 la collection de son père qui comportait 260 sculptures et 600 tableaux, principalement issus des écoles flamandes et hollandaises. Toutes ces générosités expliquent la présence au musée de peintres nordiques comme le Maître de Flemalle, Rubens ou Jordaens ainsi que d'artistes de l'école de Rembrandt, d'italiens comme Crespi, Reni et Le Guerchin et puis de créateurs français comme Puget, Mignard, Le Nain, Rigaud, Largillière, Arnulphy, Fragonard, Vernet, Greuze, David, Ingres et Géricault. Du côté des peintres provençaux, on découvre des travaux de Constantin, Loubon, Grezy, Monticelli, Emperaire, Camoin et Ravaisou.

Depuis 1987, la rénovation des salles d'archéologie du musée permet d'approcher de belles mosaïques romaines ainsi que les vestiges d'Entremont, l'oppidum proche d'Aix qui fut anéanti par les Romains en 125 avant Jésus-Christ. A côté des céramiques, des parures, des objets domestiques et des pièces de monnaie qui furent retrouvés parmi les murs en pierres sèches de cette agglomération de trois hectares et demi, les archéologues ont regroupé plusieurs spécimens de la statuaire celto-ligure. Assis en tailleur et remarquablement stylisés par des sculpteurs que j'oserais dire aussi originaux et aussi singuliers que les artistes étrusques, les princes et les guerriers de l'éperon rocheux d'Entremont avaient le maintien noble et les épaules massives.

De leurs imposantes statues, il ne reste plus que des morceaux dépareillés, des torses sans bras, des têtes qui ne correspondent à aucun buste, des débris d'épées, des fragments de cuisses, de pieds ou bien de socles. Avec leurs lèvres scellées et leurs regards d'outre-tombe, les visages gravement silencieux des ennemis de ces redoutables guerriers sont encore plus fascinants : pour mieux manifester leur puissance, les poitrines musclées de ces barbares imposaient leurs mains sur des grappes de têtes sculptées qui représentaient avec un sens profond du mystère et de l'au-delà les crânes de leurs adversaires décapités. Conformément au récit de l'historien romain Strabon, les Celto-Ligures étaient de grands et certainement terrifiants chasseurs de têtes ; pour mieux commémorer leurs exploits guerriers, ils clouaient sur leurs portiques ou bien inséraient dans leurs murailles les têtes décollées de leurs ennemis.

A propos du Musée Granet on ne peut pas omettre que jusqu'à récemment cet établissement était connu dans le monde entier comme le "musée sans Cézanne". Dans l'une de ses lettres, Cézanne décrivait ainsi la mesquinerie et l'agressivité jalouse de quelques-uns de ses concitoyens : "Si les yeux des gens d'ici lançaient des œillades meurtrières, il y a longtemps que je serais foutu. Ma tête ne leur convient pas". Dans un autre extrait de sa correspondance, il évoque en septembre 1906, "les prétentions des intellectuels de mon pays, tas d'ignares, de crétins et de drôles". A cet égard, on se souviendra sans indulgence d'Henri Pontier, conservateur du Musée Granet entre 1892 et 1926 : ce personnage avait l'habitude de jurer à qui voulait l'entendre que de son vivant, aucun tableau de Cézanne n'entrerait dans son musée. En 1939, John Rewald et le peintre Marcel Arnaud, successeur de Pontier tentèrent de renverser le cours des choses.

Ils n'obtinrent pourtant pas de la municipalité d'Aix qu'on puisse célébrer sur place le centenaire de la naissance du peintre : l'exposition se déroula à Lyon. Il fallut patienter jusqu'en 1956 — cette fois-ci, il s'agissait du cinquantenaire du décès du peintre — pour qu'une exposition Cézanne fut enfin programmée dans cette ville un tantinet retardataire que Zola appelait Plassans — pendant l'été de 56, soixante-six toiles furent réunies au Pavillon Vendôme. Finalement, pour ce qui concerne le musée Granet, le vœu de l'ineffable Pontier ne fut pas véritablement contrarié avant juillet 1984, date d'une dation par l'Etat de huit tableaux de petit format.

Quand on tente d'évaluer quelques-unes des réactions favorables des aixois du début de notre siècle à l'égard du plus grand de leurs artistes, le bilan est mince. Deux uniques fois et pour de bien maigrichonnes occasions, en 1895 et en 1902, chez "Les Amis des Arts" à cette époque domiciliés au début de l'avenue Victor Hugo, Cézanne participa à des expositions collectives de peintres locaux. Parmi ses rares amis d'Aix, on citera les noms d'artistes extrêmement attachants comme Achille Emperaire, Philippe Solari et Joseph Ravaisou. De son vivant, deux de ses proches compatriotes furent acquéreurs de ses travaux : Georges Dumesnil, un universitaire enseignant de philosophie et puis Joachim Gasquet, un poète et critique d'art (1873-1921) qui posa longuement devant Cézanne pour un portrait inachevé qui figure à présent dans une galerie de Prague. Fils d'un boulanger-pâtissier d'Aix, Gasquet était un grand collectionneur et un témoin de première importance : malgré diverses exagérations et inexactitudes, il faut lire le beau récit posthume de ses rencontres avec Cézanne, tout d'abord publié par Berheim-Jeune. Gasquet fréquenta Renoir, Rodin et Elie Faure, il détenait également dans sa maison d'Eguilles deux toiles de Vincent Van Gogh. C'est Joachim Gasquet qui sauva "La Vieille Dame au chapelet", une toile tardive que son peintre avait abandonnée. "Le Grand Pin" qu'il avait acheté à Cézanne figure aujourd'hui au musée de Sao Paulo, sa "Montagne Sainte-Victoire au grand pin" est visible à Londres, dans les espaces de la Courtauld Institute Gallery.

Quoiqu'il en soit, on peut s'attarder parmi les petits formats de Cézanne qui figurent sur un mur du premier étage du Musée. On admire particulièrement "Sucrier, Poires et Tasse bleue", une nature morte de sombre tonalité qui date de la jeunesse du peintre. Le Musée d'Aix présente également un portrait d'Hortense, l'épouse de Cézanne, une "Betshabée", des "Baigneuses" ainsi qu'une émouvante "Apothéose de Delacroix". Pour tenter de se consoler des défaillances de la muséologie de nos provinces, on cherchera parmi les cimaises de Granet une pièce caravagesque des frères Le Nain dont Cézanne semble s'être inspiré. Ses "Joueurs de cartes" dont il réalisa cinq versions différentes, Cézanne les voulait proches d'un tableau qui porte le même titre et qu'il scruta souvent lorsqu'il visitait le musée de sa ville. Les spécialistes estiment que cette toile des Le Nain fut réalisée pendant les années 1635-1640. C'est un

tableau où surgissent à l'intérieur d'une taverne trois personnages dont les regards se croisent et s'épient : une scène de genre, pleine d'ombres et de querelles momenta-nément silencieuses, un brusque suspens du temps où l'on pressent toutes sortes d'enjeux, une sourde cruauté, du spectacle, de la concentration et des disputes, beaucoup de jeunesse et de fourberie.

Le Jas de Bouffan avec sa pièce d'eau et ses grandes allées de marronniers qui seront prochainement ouvertes au public, le Chemin de Valcros, Montbriand et le Pigeonnier de Bellevue, le Cabanon de Jourdan et les carrières du plateau de Bibemus, le Château Noir sur la route du Tholonet, la Sainte-Victoire, le plateau du Cengle, la Vallée de l'Arc et le Pont des Trois Sautets : accessibles en moins de deux heures de marche à pied, les lieux-dits où Cézanne traquait le "motif" sont nombreux, quelquefois intacts et pour partie reconnaissables quand on a claire mémoire de l'œuvre du peintre. Pour le parcours restreint de notre ouvrage, nous n'évoquerons pas directement la Sainte-Victoire et ses alentours. A la manière de Cézanne, nous emprunterons le chemin pentu qui lui permettait de rejoindre chaque matin, après quinze minutes de marche, son atelier des Lauves. Originellement, le terrain des Lauves qu'il acheta en novembre 1901 pour y construire son atelier, était au nord d'Aix un demi-hectare ensauvagé, planté d'oliviers, d'arbres de Judée, de lauriers, d'amandiers et de cerisiers. Quand il conclut cette transaction, Cézanne approche déjà du terme de sa vie : il habite dans le cœur de la vieille ville le numéro 23 d'une maison de la rue Boulegon où il s'éteindra à l'âge de 67 ans, le 22 octobre 1906.

Sur le chemin des Lauves, principalement le dimanche lorsqu'il se rendait à l'office religieux, Cézanne croisait quelquefois, près des portes sculptées de la cathédrale de Saint-Sauveur, l'étrange figure d'un mendiant. Il s'appelait Germain Nouveau : c'était un grand poète mystique qui depuis plusieurs années refusait d'écrire ou de publier. Nouveau était né une vingtaine de kilomètres plus loin, dans le village varois de Pourrières, un jour de 1851. En 1874, il avait accompagné à Londres Arthur Rimbaud dont il partagea la vie au moment où il écrivait "Les Illuminations" : Rimbaud l'avait même chargé de recopier et de conserver son manuscrit. Nouveau fut également un ami de Paul Verlaine qui l'incita à devenir un fidèle observant de la règle de Saint Benoit Labre. Germain Nouveau le pérégrin se rendit plusieurs fois à pied à Saint-Jacques de Compostelle Il voyagea sur tout le pourtour de la Méditerranée : Constantinople, Jérusalem, Alexandrie, Alger, Naples, Rome et Gênes furent des villes où il séjourna et tenta de vivre en proposant à autrui des leçons de dessins ou bien de rapides portraits.

Il arrivait que ce très humble mendiant apostrophe avec colère les personnages vraisemblablement tièdes et très rapidement effrayés qui se rendaient à la messe de Saint-Sauveur. Il n'avait jamais cessé de prier, de jeûner et de refuser qu'on l'aide ; il lui était facile de faire de prompts allers et retours à pied entre Aix et Pourrières où il s'était définitivement retiré. Sur une photographie couleur sépia qui le portraiture à la fin de sa vie, on le découvre assis sur le bord d'un trottoir. Les privations, le soleil et la poussière des chemins n'ont pas entamé l'essentiel de sa charpente. Sa veste et son pantalon de velours, ses espadrilles et son chapeau ne trahissent pas une trop grave misère. Les mains qu'il croise devant lui ne semblent pas avoir saisi des livres, de l'encre et des plumes : on les croirait depuis des lustres habitués aux rigueurs des travaux des champs. Sa barbe et ses sourcils sont broussailleux. Creusé vers le dedans, son regard qui pourrait s'enflammer justifie pleinement l'expression d'André Breton qui l'appelait "Le Mendiant étincelant". Léo Larguier qui rencontra Cézanne en 1902 raconte que

le peintre n'ignorait pas l'identité profonde de ce poète autrefois aperçu à Paris dans les cafés fréquentés par les Impressionnistes. Cézanne lui donnait l'aumône mais redoutait de devoir lui parler.

Il n'avait sans doute jamais examiné les petits formats que Germain Nouveau peignait. Trop rarement montrés, trois de ses tableautins appartiennent au Musée Granet : les réserves du musée recèlent deux portraits de femmes ainsi qu'une nature morte, "Le repas du pauvre", trois quartiers de pommes et un canif ouvert qu'André Breton affectionnait grandement.

Mais Cézanne était de toute manière beaucoup trop hanté par les exigences de son propre travail pictural. Son atelier des Lauves était donc situé à mi-pente d'une raide colline, autrefois inhabitée, aujourd'hui totalement urbanisée. Les Lauves, c'est une maison modeste et discrète avec en bordure de toiture trois rangs de gênoises. D'une hauteur de quatre mètres, l'étage supérieur est doté au nord d'une grande baie vitrée. Les deux fenêtres qui donnent plein Sud prennent vue sur les montagnes bleutées de la Chaîne de l'Etoile et du Pilon du Roi. Depuis le muret de la terrasse du rez-de-chaussée, on aperçoit le clocher gothique de Saint-Sauveur que Cézanne esquissa sur l'une de ses aquarelles. Dès cinq heures du matin, le peintre se mettait au travail. Vers onze heures, il descendait en ville. Certaines fois, pour ne pas interrompre ses recherches, il se faisait apporter son repas : pendant les après-midi, le dernier de ses modèles, le jardinier Vallier posait pour lui. Autrement, aux alentours de seize heures, une voiture à cheval le conduisait sur le motif, en direction du Tholonet ou bien près de l'Arc lorsque la chaleur était trop lourde. Pendant les quatre dernières années de sa vie, cet emploi du temps ne varia presque pas : Cézanne s'était juré de mourir en peignant. Le 15 octobre 1906, quelques jours avant son décès, il fut surpris par la pluie alors qu'il travaillait en plein air. Il tomba en syncope, une charrette de blanchisseur le ramena chez lui.

Aujourd'hui l'atelier des Lauves est le plus fréquenté des musées d'Aix : il reçoit chaque année plus de 45.000 visiteurs curieux de pouvoir appréhender ce discret témoignage de l'existence du peintre. Simple et austère, le cadre de vie de Cézanne est presque intact : on aperçoit quelques meubles, un poêle, une estrade, un chevalet, l'échelle qu'il utilisa pour son immense toile des "Baigneuses", les étagères d'une petite bibliothèque, quatre ou cinq reproductions, des crânes sans mâchoires, des pièces de tissu, des fruits, une vieille bouteille de rhum, un moulage de Puget, des assiettes et quelques menus objets qui lui permettaient de composer ses natures mortes. Ici encore, pour ce qui concerne la sauvegarde du patrimoine, on peut s'interroger sur le manque d'à propos des élites aixoises : ce parfait sanctuaire, ce très simple atelier des Lauves aurait pu être livré à la pioche des démolisseurs. En 1954, au moment de sa mise en vente, quelques proches amis de John Rewald, parisiens ou bien américains, mesurèrent le danger et réunirent des fonds pour le rachat de cette demeure qu'un promoteur immobilier convoitait : pour sa part, la municipalité d'Aix qui aurait dû se porter immédiatement acquéreur n'avait pas bronché. Quelques années plus tard, l'association loi 1901 qui, via l'Université, avait pris en charge l'atelier des Lauves restitua à la Ville d'Aix la responsabilité de cet endroit. Dès lors, le retard antérieur fut rattrapé, l'entretien du jardin et le gardiennage de l'atelier furent définitivement assurés.

Quand on visite l'atelier des Lauves, il faut imaginer qu'il fut le creuset majeur des ultimes oeuvres de Cézanne. Ici furent par exemple achevées quelques-unes de ses merveilleuses aquarelles, une très importante série de Sainte-Victoire, pour la plupart appréhendées depuis le proche chemin de la Marguerite ainsi que les "Grandes Baigneuses" : on aperçoit justement le grand format de l'une d'entre elles, en arrière-plan sur la photographie de Cézanne vieillissant qui fut prise à l'intérieur de l'atelier par Emile Bernard. On sait combien le peintre fut opiniâtre, rustique, véhément, bougon et en même temps profondément

heureux de pouvoir poursuivre sa création. En janvier 1903, il confiait dans une lettre adressée à Ambroise Vollard et souventes fois citée qu'il avait le sentiment d'"entrevoir la Terre promise" : "J'ai réalisé quelques progrès. Mais pourquoi si tard et si péniblement ?". Sa toute dernière toile, celle qu'il laissa inachevée, avait pour sujet les bruns, les verts et les ocres du portrait du vieux Jardinier Vallier dont l'image est à la fois tragique et calme.

Une grande solitude, une manière de désespoir magnifiquement contenu habitaient Cézanne. Il ne cessa pourtant jamais de trouver joie, émerveillement, énergie et renouvellement dans le spectacle de la campagne aixoise. En dépit de l'inertie, des rebuffades et des mépris de certains de ses concitoyens, il avait définitivement choisi de vivre au contact de la lumière, des formes et des couleurs à nulle autre pareilles d'Aix-en-Provence. Quand il songeait à sa ville natale, Cézanne se sentait finalement profondément en paix. "J'y suis né, j'y mourrai", voilà ce qu'il expliquait à un interlocuteur attentif et amical de la fin de sa vie, l'archéologue Jules Borély ; "c'est dans le regard des gens de mon âge que je revois le passé. J'aime sur toutes choses l'aspect des gens qui ont vieilli sans faire violence aux usages, en se laissant aller aux lois du temps : je hais l'effort de ceux qui se défendent de ces lois". Comme il l'écrivit à l'un de ses vieux compagnons de jeunesse : "Quand on est né là-bas, c'est foutu, rien ne vous dit plus".

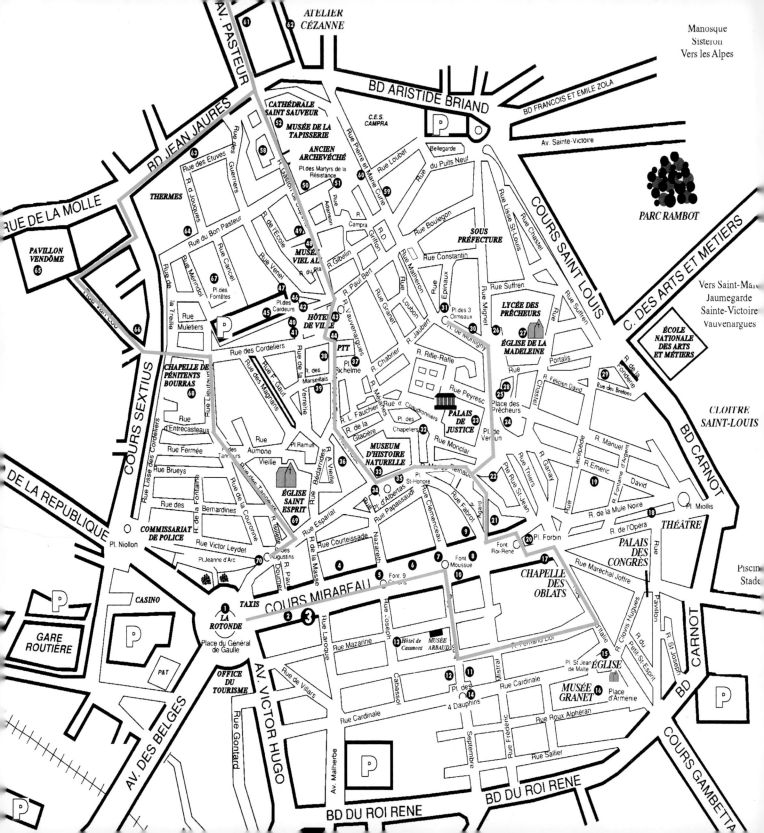

1 Fontaine de la Rotonde.
2 Cours Mirabeau, allée côté gauche.
3 Cours Mirabeau, marché aux fleurs.
4 Hôtel d'Arbaud-Jouques, Cours Mirabeau.
5 Fontaine des Neuf Canons.
6 Terrasses des cafés.
7 Fontaine moussue.
8 Cours Mirabeau ombragé.
9 Café des Deux Garçons.
10 Hôtel Maurel-Pontevès (Atlantes).
11 Hôtel Villeneuve d'Ansouis.
12 Hôtel d'Olivary (intérieur salon).
13 Hôtel de Caumont, Conservatoire de musique, extérieur
et atlante dans le vestibule.
14 Fontaine des Quatre Dauphins.
15 Eglise Saint-Jean de Malte.
16 Musée Granet, façade, salle de peintures et têtes coupées ; Entremont.
17 Chapelle des Oblats, voûtes du dôme.
18 Théâtre municipal, rue de l'Opéra.
19 Hôtel de Panisse, rue Emeric-David.
20 Hôtel de Poët.
21 Passage Agard.
22 Marché à la brocante.
23 Palais de Justice.
24 Hôtel Agut, porte d'entrée avec atlante et cariatide.
25 Fontaine des Prêcheurs.
26 Eglise de la Madeleine, façade.
27 Eglise de la Madeleine, tableau de l'Annonciation.
28 Marché aux fleurs, place des Prêcheurs.
29 Porte d'entrée avec décoration, hôtel rue des Bretons.
30 Rue de Montigny, plaque "Source Grande Romaine", sur façade.
31 Place des Ormeaux.
32 Médaillon de Paul Cézanne sur fontaine, rue des Chapeliers.
33 Hôtel Boyer d'Eguilles, museum histoire naturelle.
34 Hôtel d'Albertas.
35 Fontaine d'Albertas.
36 Hôtel de Peyronnetti, porte d'entrée.
37 Marché place Richelme.
38 Hôtel d'Arbaud, atlantes.
39 Façade décorée, immeuble rue des Marseillais.
40 Hôtel de Roquesante, décoration baroque de la porte d'entrée, rue Thiers.
41 Hôtel de Ville.

42 Tour de l'Horloge.
43 Fontaine place Hôtel de Ville.
44 Fronton de l'ancienne Halle aux Grains.
45 Fontaine de Jean Amado, place des Cardeurs.
46 Déjeuner sous les platanes.
47 Rue Venel.
48 Musée du Vieil Aix ; Hôtel d'Estienne de Saint-Jean.
49 Hôtel de Chateaurenard, peintures en trompe-l'œil.
50 Fontaine, avec portrait de Marcel Provence,
place des Martyrs de la Résistance.
51 Porte d'entrée ancien Archevéché.
52 Cathédrale Saint-Sauveur, extérieur et intérieur.
53 Vierge à l'enfant, portail cathédrale.
54 Sculptures portail d'entrée, cathédrale.
55 Tableau Buisson Ardent, cathédrale.
56 Baptistère, cathédrale.
57 Cloître, cathédrale.
58 Ancienne Faculté de Droit.
59 Hôtel Thomassin de Peynier ; 10, rue Pierre et Marie Curie.
60 Hôtel d'Oraison ; 17, rue Pierre et Marie Curie.
61 Monument Joseph Sec, avenue Pasteur.
62 Jardins de l'atelier de Paul Cézanne.
63 Tour Tourreluque, dans les jardins de l'Etablissement Thermal.
64 Détail portail Etablissement Thermal.
65 Pavillon Vendôme.
66 Fontaine Pascal, avec tambourinaire, cours Sextius.
67 Angelot, place des Fontêtes.
68 Chapelle des Pénitents gris ; 11, rue Lieutaud (descente de Croix).
69 Clocher Eglise Saint-Esprit, rue Espariat.
70 Colonne fontaine, place des Augustins, et campanile de l'ancienne
chapelle des Augustins.
71 Plateau d'Entremont, à 2,5 Km au nord d'Aix ;
fouilles d'un oppidum celto-ligure.
72 Médaillon, d'après dessin de Renoir sur la fontaine, rue des Chapeliers.
Atelier de Paul Cézanne et son jardin ; 9, avenue Paul Cézanne.
73 Pont des Trois Sautets, évoqué dans l'aquarelle "La Rivière au Pont
Trois Sautets. Jas de Bouffan, à l'ouest de la ville, propriété privée,
ne se visite pas.
74 Pinède (sur la route du Tholonet). (Prendre la route du Tholonet
pour découvrir de jolies vues sur Sainte-Victoire).
75 Château et parc du Tholonet.
76 Montagne Sainte-Victoire.

1

Haute de douze mètres, la fontaine de la Rotonde qui marque l'entrée
du cours Mirabeau a été érigée en 1860, avec le concours de quatre sculpteurs
aixois, Truphème, Ramus, Chabaud et Ferrat.

*The 12-metre tall Rotonde fountain, built in 1860, stands at the entrance
to the cours Mirabeau.*

La rive gauche du cours Mirabeau est plus tranquille que la rive droite où s'échelonnent les terrasses des cafés, les magasins et les brasseries.

The quiet south side of the cours Mirabeau contrasts with the busy pavement cafés and shops on the north side.

2

Les allées de la rive gauche sont en revanche reservées pour de multiples occasions principalement dominicales, aux marchés aux fleurs, à la Foire aux croûtes, à de petits salons d'artisans, aux rencontres associatives, aux compétitions sportives ou bien aux stands des antiquaires et brocanteurs.

However, the little streets on the south side spring to life with flower markets, art marts and various festivities on high days and holidays.

Au n°19 du cours Mirabeau, l'Hôtel d'Arbaud-Jouques fut construit vers 1732 par l'architecte Jean-Baptiste Franque. Au premier étage, des pilastres ioniques et de très belles ferronneries.

N°19 cours Mirabeau. The Arbaud-Jouques mansion, designed around 1732, has beautiful ionic pillars and wrought iron work.

5

Dans l'axe de la rue Joseph Cabassol et de la rue Nazareth, voici la fontaine des Neuf Canons.

The fountain of the Nine Canons at the angle of rue Joseph Cabassol and rue Nazareth.

Sur la rive droite du cours,
une halte parmi
les terrasses des cafés
s'impose pour deviser et
contempler le flux
continuel des passants.

Watching the world go by
at a café terrace.

6

En face de la rue
du Quatre Septembre et
de la rue Clemenceau,
la fontaine d'eau chaude,
érodée et abondamment
moussue.

The eroded, moss-coated
hot water fountain
opposite rue du Quatre
Septembre and
rue Clemenceau.

7

Au terme des allées de platanes du cours Mirabeau dont il faudrait pouvoir admirer la végétation et les lumières sans trop de circulation et de stationnement automobiles, la fontaine du Roi René et l'Hôtel du Poët.

At the end of the tree-lined cours Mirabeau stand the Roi René fountain and the Poët Mansion.

9

Pendant l'hiver de 1994, parmi les passants qui s'attablaient sur la terrasse du Café des Deux Garçons, on apercevait Wim Wenders qui réfléchissait avec ses proches amis, à propos du film Par-delà les nuages qu'il était en train de réaliser en compagnie d'Antonioni.

The Café des Deux Garçons. Film producers Wim Wenders and Antonioni were often seen here in the winter of 1994 preparing their latest film.

10

Au n°38 du cours Mirabeau, le portail d'entrée de l'Hôtel Maurel-Pontevès, décoré intérieurement par Jean Daret en 1647, comporte un balcon et deux atlantes sculptés par Jacques Fossé.

The entrance to the Maurel-Pontevès' mansion at n°38 cours Mirabeau.

Dans le quartier Mazarin, au 9 de la rue du Quatre Septembre, l'hôtel Villeneuve d'Ansouis avec sa composition rocaille, ses ferronneries, son décor floral et ses élégantes ouvertures. Sa façade fut rénovée en 1757 par l'architecte Georges Vallon.

The elegant 18th century Villeneuve d'Ansouis mansion at n°9 rue du Quatre Septembre.

Un intérieur d'hôtel particulier qui a conservé la plupart des éléments de son décor antérieur : l'Hôtel d'Olivary, également situé rue du Quatre Septembre.

The Olivary mansion, another private residence in the rue du Quatre Septembre.

Avec cour d'entrée et jardin sur la façade sud, l'Hôtel de Caumont construit de 1715 à 1742 d'après les plans de l'architecte parisien Robert de Cotte, abrite les locaux du Conservatoire régional de Musique Darius Milhaud. Il faut franchir sa porte et venir admirer ses verrières, sa cage d'escalier, sa fontaine d'angle, ses gypseries et ses atlantes.

The de Caumont mansion, built between 1715 and 1742, is now the home of the Darius Milhaud regional music academy. It is worth looking inside to admire the staircase, fountain and sculptures.

Sculpté en 1667
par Jean-Claude Rambot,
le décor-carrefour
de la fontaine
des Quatre Dauphins
constitue l'un des éléments
privilégiés par Antonioni
dans l'itinéraire aixois
de Par-delà les nuages.

*The Quatre Dauphins
fountain sculpted in 1667
by Jean-Claude Rambot
features in the latest film
by Wim Wenders and
Antonioni.*

14

La façade de l'église
gothique Saint-Jean
de Malte avec son clocher
qui culmine à
soixante-sept mètres,
ses tours octogonales et
sa rosace. Remanié
au XVIIᵉ siècle,
l'ensemble date
de la seconde moitié
du XIIIᵉ siècle.

*The gothic façade of
the 13th century church
of St John of Malta,
with its 67-metre high
tower, octogonal towers
and rose window.*

16

Des tableaux d'Ingres et des têtes sculptées découvertes parmi les ruines de l'oppidum celto-ligure d'Entremont figurent parmi les points forts du musée Granet où les visiteurs s'étonnent à bon droit de ne pas voir figurer davantage d'œuvres de Paul Cézanne.
Un important chantier d'extension et de rénovation de ce musée devrait s'achever en 2005.

The Granet museum, containing a number of paintings by Ingres but surprisingly few Paul Cézannes. An extension and renovation project is due for completion by the year 2005.

Place Forbin, au sommet du cours Mirabeau, il faut visiter l'ancienne église des Carmélites, rebaptisée église des Oblats au XIXe. Son plan, notamment sa très belle coupole ovoïde et son transept qui rappellent le grand art de Pierre Puget, fut réalisé en 1695 par l'architecte Thomas Veyrier.

Place Forbin at the top of the cours Mirabeau. The former Carmelite church, the Oblats, is worth visiting for the fine interior designed in 1695 by architect Thomas Veyrier.

Rue de l'Opéra,
le Théâtre
du Jeu de Paume date
du XVIIIe siècle :
il fut longtemps l'unique
salle de spectacles d'Aix.
Sa façade extérieure
n'est pas gracieuse ;
en revanche
ses aménagements
intérieurs, ses loges et
ses balcons en gradins,
ses sièges inconfortables,
les volutes
de son ornementation,
l'ovale de son plafond
ainsi que son lustre
méritent détour.

The 18th century
Jeu de Paume theatre.
A plain façade belies
a plush interior, worth
the visit.

18

Au n°16 de
la rue Emeric-David,
l'Hôtel de Panisse-Passis
date de la première moitié
du XVIIIᵉ siècle ;
il est doté d'une très belle
porte en bois sculpté,
de hautes fenêtres,
d'un décor luxuriant et
d'une ferronnerie
de style Régence.

*N°16 rue Emeric-David :
the early 18th century
Panisse-Passis mansion
with its splendid carved
door, high windows,
rich decoration and
wrought iron work.*

Etabli au sommet du cours Mirabeau, l'Hôtel du Poët fut construit autour de 1725 ;
on remarquera sur sa façade les trois fenêtres de sa baie centrale qui rythment sa composition.
Son escalier intérieur a été profondément altéré par les fâcheux aménagements de notre siècle.

The Poët mansion, unfortunately restored inside, at the top of the cours Mirabeau.

Le passage Agard
qui abrite notamment
les locaux des studios de
la famille du photographe
Henry Ely permet
de relier souplement
le cours Mirabeau et
la place du Palais
de Justice. Son corridor
fut créé en 1846
par Félicien Agard,
propriétaire de l'ancien
couvent des
Grands Carmes.

*The passage Agard
is a short cut between
the cours Mirabeau and
the place du Palais
de Justice.*

Trois matinées
par semaine, le mardi,
le jeudi et le samedi,
le marché à la brocante
se tient en face
du Palais de Justice.

A flea market is held
opposite the Law courts
on Tuesdays, Thursdays
and Saturdays.

22

D'abord imaginé avant la Révolution par Claude-Nicolas Ledoux, le Palais de Justice d'Aix fut achevé en 1832 par l'architecte Michel Penchaud. Merveilleusement ensoleillées, les marches de son escalier extérieur sont bornées par les sévères sculptures de deux juristes aixois : à gauche, Portalis, à droite Siméon que les étudiants barbouillent fréquemment avec des couleurs stridentes.

The gloomy statues either side of the sunsoaked steps of Aix's Law courts are regularly given a daub of paint by larking students.

23

A l'angle de la rue Thiers et de la place des Prêcheurs, l'Hôtel d'Agut qui date de 1676 endure les aménagements commerciaux qui dénaturent sa façade. En tant que survivante, il faut admirer sa porte d'entrée surveillée par les deux atlantes-cariatides de Jean-Claude Rambot.

The Agut mansion dating from 1676. Its fine doorway survives in the centre of modern shop fronts.

La fontaine
de la place
des Prêcheurs a été
achevée en 1761
par le sculpteur
Jean-Pancrace Chastel :
son obélisque supporte une
sphère où vient
se poser un aigle
aux ailes déployées.

*The fountain
in the place
des Prêcheurs,
sculpted in 1761 by
Jean-Pancrace Chastel.*

27

La façade de la Madeleine,
l'ancienne église
des Prêcheurs, a été
réalisée en 1859
d'après les plans de
l'architecte Revoil.
Au-dessus de sa porte
d'entrée, deux anges
sonnent de la trompe ;
le tympan représente
Jésus dans la maison
de Béthanie. A l'intérieur
de l'église, il faut aller
voir le tableau
de l'Annonciation.

*The façade
of the Madeleine church,
restored in 1859.
The tympanum represents
Jesus in the house
at Bethany ; inside there
is a fine painting
of the Annunciation.*

26

Un marché aux fleurs chaque dimanche, des fruits, des légumes et des produits de la ferme trois matinées par semaine, agrémentent le parcours de la place des Prêcheurs.

Four days a week the place des Prêcheurs is alive with market stalls selling flowers and local produce.

Dans le quartier de Villeneuve, au 3 de la rue des Bretons, fragment d'une porte d'un petit hôtel de style maniériste construit aux alentours de 1615-1625.

N°3 rue des Bretons : all that remains of the door of a small 17th century mansion.

Au n°10 de la rue de Montigny, un immeuble ancien aux volets obstinément clos marque l'emplacement d'une ancienne source thermale, "la source du docteur Guillaumont".

N°10 rue de Montigny, site of a former hot spring.

Au croisement
de la rue Matheron,
de la rue des Epinaux et
de la rue Montigny,
près du quartier
des antiquaires,
la place et la fontaine
des Trois Ormeaux.

*The fountain
of the Three Elms.*

31

47

32

Rue des Chapeliers, on a reproduit au-dessus d'une petite fontaine publique un médaillon de Paul Cézanne, réalisé d'après un dessin de Renoir.

Rue des Chapeliers : the sculpted head of Paul Cézanne was based on a drawing by Renoir.

Au n°6 de la rue Espariat, l'Hôtel Boyer d'Eguilles fut la demeure de Jean-Baptiste de Boyer d'Eguilles, un conseiller au Parlement de Provence qui fut un grand collectionneur de peintures ainsi que d'antiquités. Son premier étage abrite le museum d'Histoire naturelle ; on y accède par un escalier de très belle ferronnerie, daté de 1678.

The Boyer d'Eguilles mansion contains the natural history museum, entered via a fine 17th century wrought iron staircase.

33

La façade dix-huitième de l'Hôtel d'Albertas dont le portail et le vestibule permettaient
le passage des carrosses.

Horse-drawn coaches could be driven through the gateway of the 18th century Albertas mansion.

La fontaine de la place d'Albertas, architecturée par Georges Vallon en 1745.

The fountain in place d'Albertas, built in 1745.

Au n°13 de la rue Aude, l'encadrement et les bois sculptés de la porte d'entrée de l'hôtel Peyronetti, de style maniériste.

Sculpted wooden doors of the Peyronetti mansion, at n°13 rue Aude.

36

Une des plus savoureuses institutions aixoises, l'ancienne "place aux herbes",
le marché quotidien aux fruits et légumes de la place Richelme ; pendant les après-midi,
l'espace vacant est occupé par les terrasses des cafés.

One of Aix's most delightful traditions, the daily fruit and vegetable market,
takes place in the former place aux Herbes, now place Richelme.

37

Au 7 de la rue Maréchal-Foch,
l'Hôtel d'Arbaud fut mis en chantier
en 1670 par Jean-Claude Rambot
qui est également l'auteur
des deux atlantes en recto-verso
de la porte d'entrée : un atlante
est sculpté de dos, le second
est représenté de profil.

N°7 rue Maréchal-Foch :
the Arbaud mansion with
its curious atlantides sculpted
either side of the door.

38

Au 10 de la rue des Marseillais, une élégante maison de style Louis XV dont le premier étage présente des scènes de genre qui figurent les Quatre Saisons.

N°10 rue des Marseillais, an elegant Louis XV style mansion.

La travée centrale
de la façade de l'Hôtel
de Ville fut dessinée
par Pierre Pavillon.
Son fronton triangulaire,
ses corniches, ses colonnes
jumelées et sa léonine
porte en bois sculpté
affirment vigoureusement
les signes
du pouvoir local.

*The fine façade
of the City hall bears
witness to the weight
of local politics.*

40

La grille d'entrée sépare un premier vestibule et la cour intérieure de l'Hôtel de Ville qui fut construit entre 1655 et 1671. Pierre Pavillon conçut le dessin de cette grille : Jacques Fossé et Jean-Claude Rambot furent associés à la décoration et aux sculptures de cet ensemble.

An iron gateway separates the entrance porch from the inside courtyard of the City Hall, built between 1655 and 1671.

La Tour de l'Horloge qui jouxte l'Hôtel de Ville est une ancienne tour d'enceinte médiévale surélevée en 1510. C'est une sorte de palimpseste où l'on peut découvrir un réemploi de blocs romains, des figures de bois polychromes qui se succèdent pour marquer les quatre saisons, une urne funéraire dédiée à la patrie ainsi qu'une commémoration de la Libération d'août 1944.

The clock tower adjoining the City Hall is a veritable palimpsest of local history, from the Roman foundations to the World War II commemoration.

Le décor de la fontaine
de la place de l'Hôtel
de Ville relève du ciseau
du sculpteur Chastel ;
au centre de son bassin,
une ancienne
colonne romaine.

*An ancient Roman column
stands in the centre
of the fountain of the place
de l'Hôtel de Ville.*

43

Le fronton de la Halle aux Grains est une allégorie du Rhône et de la Durance : la tête de cette dernière est couronnée, elle détient une corne d'abondance, son pied dépasse avec humour le cadre étroit du fronton. Jean-Pancrace Chastel (1726-1793) est également l'auteur de la composition.

The Granary, with an allegorical illustration of the Rhône and Durance rivers.
Note the foot stretching cheekily beyond the façade.

Au sommet de la place
des Cardeurs, une fontaine
créée en 1977
par le plus important
des artistes aixois
de la seconde moitié
du vingtième siècle,
Jean Amado (1922-1995).

The place des Cardeurs,
with fountain sculpted
by contemporary local
artist Jean Amado.

45

L'une des nombreuses petites places d'Aix en Provence dans l'espace desquelles, pour la convivialité mais le plus souvent dans un grand désordre, s'établissent les restaurants et les cafés.

One of the countless friendly little squares in Aix, where restaurants and cafés jostle for space.

Au débouché
de la place des Cardeurs,
près de l'Hôtel de Ville,
la rue Venel, ponctuée
par le petit oratoire
d'une Vierge à l'Enfant.

The Virgin and child
of the rue Venel near
the City Hall.

47

Le musée du Vieil Aix occupe au 17 de la rue Gaston de Saporta deux étages de l'hôtel Estienne de Saint-Jean. On y visite une crèche parlante ainsi qu'une collection de santons. A découvrir également, la coupole peinte d'un boudoir, attribuée à l'atelier de Jean Daret.

The Estienne de Saint-Jean mansion at n°17 rue Gaston de Saporta, containing the Museum of Old Aix.
There is an interesting collection of local santon earthenware figures and a talking model of the Nativity.

48

Autre élément majeur
des collections
au musée du Vieil Aix,
les marionnettes en bois
et le grand paravent peint
qui commémore "Les Jeux
de la Fête-Dieu".

Wooden puppets and
painted paravent, also
in the Museum of Old Aix.

49

Au 19 de la rue Gaston
de Saporta, il faut entrer
dans la cour intérieure
et venir gravir les escaliers
pour contempler un décor
en trompe-l'œil
remarquablement intact,
réalisé sous le règne
de Louis XIV
par Jean Daret.

19 rue Gaston de Saporta.
The stairwell is decorated
with a remarkably
well-preserved
17th century trompe-l'œil
wall painting.

Place des Martyrs
de la Résistance,
en contrepoint
du presbytère
de la cathédrale,
la fontaine d'Espeluque
est décorée par
un médaillon sculpté
en 1953, en mémoire
du fondateur du musée
du Vieil Aix,
Marcel Provence.

The fountain d'Espeluque
in the place des Martyrs
de la Résistance,
in the shade of the
cathedral presbytery.

50

67

51

L'entrée du Palais
de l'ancien Archevêché
abrite les espaces
du musée des Tapisseries
ainsi que les gradins
et la scène du
Festival international
d'Art Lyrique qui fut créé
en juillet 1948.

The former archbishopric,
venue of the international
Opera festival founded
in July 1948, is also home
to the Tapestry Museum.

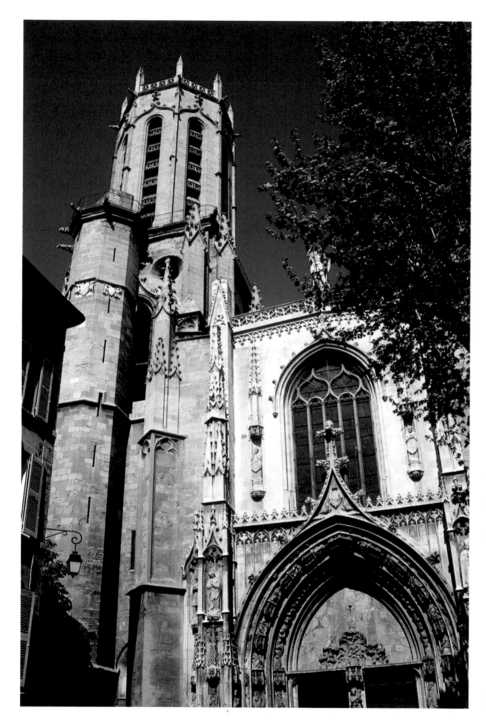

La façade de la cathédrale
Saint-Sauveur,
avec son clocher octogonal
achevé vers 1425.
Dans la nef principale
de style gothique
flamboyant, on découvrira
un buffet d'orgue
daté de 1724.

The octagonal spire
of Saint Saviour's
cathedral was completed
around 1425. Flamboyant
gothic style interior
with an organ chest
dated 1724.

52

53

La statuaire du porche
de la cathédrale a été
en partie détruite en 1794 :
exception faite pour certaines
statues comme le saint Michel
qui domine l'ensemble
ainsi que pour la Vierge
à l'Enfant du trumeau.

*Most of the cathedral porch statues
were destroyed in 1794, with
the exception of a St Michael
and the Virgin with Child.*

Les portes de la cathédrale
ont été sculptées par
Jean Guiramand entre 1500
et 1508. Elles représentent
quatre grands prophètes
d'Israël et les douze
sybilles païennes
qui précèdent leur venue.

*The cathedral doors,
sculpted by Jean Guiramand
between 1500 and 1508.*

Les trois panneaux intérieurs du retable du Buisson Ardent de Nicolas Froment avec au centre,
l'Ange Gabriel, Moïse, la Vierge et l'Enfant Jésus. Sur le panneau de gauche, le roi René ;
à droite, Jeanne de Laval, sa seconde femme.

The "Burning Bush" altar panel by Nicolas Froment.

Le baptistère date du IVᵉ siècle :
on y pratiquait le baptême
par immersion. Ses huit colonnes
proviennent de plusieurs réemplois
de l'Antiquité.
A la fin du XVIᵉ siècle,
la coupole a été surélevée et
décorée de gypseries.

The IVth century font was used
for total immersion.
It was restored at the end
of the 16th century.

56

Avec son plafond, ses arcades, ses chapiteaux historiés et ses doubles colonnettes,
le cloître de la cathédrale date de l'extrême fin du XIIᵉ.

The cathedral cloisters date from the end of the 12th century.

Le quartier de l'Archevêché abritait autrefois les facultés de Lettres (domiciliées à l'Hôtel Maynier d'Oppède) et de Droit ; aujourd'hui il héberge un enseignement réservé aux étudiants étrangers ainsi que l'Institut d'Etudes Politiques.

The district of the archbishopric is the location of a school for foreign students and the Institute of Political Science.

Au 10 de la rue Pierre et Marie Curie, l'Hôtel Thomassin de Peynier avec son encadrement de porte maniériste.

The Thomassin de Peynier mansion, at n°10 rue Pierre et Marie Curie.

Au 17 de la rue Pierre
et Marie Curie,
l'Hôtel d'Oraison
fut rebâti vers 1740.

*The Oraison mansion,
rebuilt around 1740,
at n°17 rue Pierre et
Marie Curie.*

60

61

Après avoir
admiré la façade
du monument Joseph Sec,
au 6 de l'avenue Pasteur,
il faut examiner l'envers
de son jardin où furent
déposées sept grandes
statues du XVIIe
attribuées à
Pierre Pavillon.

N°6 avenue Pasteur :
the Joseph Sec monument.
The garden contains seven
17th century statues.

Situé sous la crête
des Lauves,
l'atelier Cézanne est
l'un des rares endroits
qui permette d'imaginer
le cadre de vie du peintre.
Vallier, un vieil homme
qui lui servit de modèle,
entretenait son jardin.

*Cézanne's studio brings
the artist's surroundings
to life. His old gardener,
Vallier, used to model
for him.*

62

Boulevard Jean-Jaurès, dans le parc de l'Hôtel des Thermes, la Tour Tourreluque, l'un des ultimes vestiges de l'enceinte médiévale qui protégeait la ville.

Remains of the mediaeval ramparts can still be seen in the Hôtel des Thermes park on boulevard Jean-Jaurès.

La grille d'entrée de l'ancien établissement thermal, situé en haut du cours Sextius. Après plusieurs années de travaux et de fermeture, sa transformation et sa modernisation devraient s'achever en 1997.

Wrought iron gates of the old spa which is now being restored and is due to re-open in 1997.

65

Au 34 de la rue Celony,
il faut emprunter
l'allée qui conduit
jusqu'au jardin
du pavillon Vendôme,
demeure aristocratique
surélevée au XVIIIᵉ.
Deux atlantes
de Jean-Claude Rambot,
des guirlandes et la figure
souriante d'une sculpture
de l'Eté décorent l'entrée.

N°34 rue Celony.
At the end of the passage
lies the garden of
an 18th century
aristocratic residence
containing various
sculptures.

Sur le cours Sextius,
au carrefour
de la rue Van Loo et
de la rue des Cordeliers,
la fontaine Pascal (1922)
qui porte le nom
de son donateur.
Darius Milhaud
qui passa son enfance et
son adolescence
à proximité, avait
l'habitude d'y venir boire,
chaque fois
qu'il séjournait à Aix.

Musician Darius Milhaud,
who grew up nearby,
never failed to drink
from the Pascal fountain
whenever he returned
to Aix.

66

Au croisement
de la rue des Muletiers et
de la rue Mérindol,
la place des Fontêtes dont
l'ange sonneur de trompe
a malheureusement
été volé ; le bronze
d'une réplique beaucoup
moins gracieuse figure
au-dessus de son bassin.

*The fountain
of the place des Fontêtes.
Unfortunately the original
angel was stolen and
its bronze replacement
is nothing like
as gracious.*

67

15 rue Lieutaud, dans la chapelle des Pénitents Gris dont les horaires de visite sont souvent restreints à quelques heures du samedi après-midi, il faut découvrir la très belle Descente de Croix en bois polychrome attribuée à Jean Guiramand.

15 rue Lieutaud. The chapel contains a fine wood polychrome Descent from the Cross.

Depuis la rue
des Tanneurs, une vue
du clocher de style
"italo-corse" de l'église
Saint-Esprit, coiffé
de quatre chapeaux
de gendarme et
récemment restauré.

*The recently-restored
church of the Holy Spirit,
seen from the rue
des Tanneurs.*

Rue Espariat, on aperçoit
le campanile du clocher
octogonal du couvent
des Augustins.
Surmontée d'une étoile
à six pointes, la fontaine
de la place des Augustins
procède du réemploi
d'une colonne romaine.

*The octagonal spire
of the Augustine convent,
seen from the rue Espariat.*

70

Situé à l'extérieur de la ville, à 370 mètres d'altitude, l'oppidum celto-ligure d'Entremont fut détruit en 125 avant Jésus-Christ. Implantées sur un terrain militaire, ses fouilles ne sont pas encore achevées ; elles permettent de bien percevoir les remparts et l'urbanisme rigoureux de l'ancêtre d'Aix en Provence.
The celto-ligurian ruins at Entremont, outside Aix at 370 metres above sea level, have not been fully excavated, but they give a good idea of the layout of the former city.

La ville
haute d'Entremont
était un quartier
d'artisans et
d'agriculteurs ;
elle était dotée
de plusieurs entrées
de fours et
de pressoirs à huile.

*Entremont was the
district of artisans
and farmers.
There were several
ovens and oil
presses.*

L'atelier de Paul Cézanne, avec son estrade, son chevalet, ses pièces d'étoffe et quelques-uns des accessoires qui devenaient les sujets de ses natures mortes. Rassemblant deux cent trente peintures, aquarelles et dessins, l'exposition Cézanne du Grand Palais débuta en septembre 1995. Elle voyagea ensuite à Londres (février-avril 1996) et à Philadelphie (mai-août 1996). Son succès achève de faire d'Aix-en-Provence un point majeur de l'histoire de la peinture européenne.

The Cézanne collection of 230 paintings, water colours and drawings which was launched in Paris in 1995 is due for exhibition in London in the spring of 1966 and in Philadelphia later the same summer. Paul Cézanne's studio.

72

Pour se consoler de la dramatique absence d'œuvres majeures de Cézanne dans les musées d'Aix, il faut visiter le Jas du Bouffan récemment racheté par la municipalité ou bien certains sites comme le pont des Trois Sautets.

To compensate for the strange lack of Cézanne's works in the local museum, visit the places he painted such as the Jas du Bouffan, or the bridge of the Trois Sautets.

Les pinèdes de la route
de Tholonet.

*Pine trees on the road
to Tholonet.*

75

Siège de la société
du Canal de Provence,
le château du Tholonet
fut transformé et agrandi
en 1776. Son allée
de platanes se prolonge
en bordure de route,
en direction des Artauds
et de Palette.

The castle of Tholonet
was rebuilt in 1776.
It is the headquarters
of the Provence
canal authority.

Provisoirement défigurée par l'incendie qui ravagea ses versants le 28 août 1989,
la Sainte-Victoire fut représentée par Cézanne et Renoir ainsi que par André Masson et
Pierre tal-Coat qui séjournèrent près du Château-Noir, pendant la seconde moitié du vingtième siècle.
L'écrivain autrichien Peter Handke a écrit à son sujet un court et très beau livre,
La leçon de la Sainte-Victoire.

A severe forest fire has temporarily disfigured the mountain of Sainte-Victoire, so often painted
by Cézanne and Renoir, as well as contemporary artists André Masson and Pierre Tal-Coat.
Austrian author Peter Handke's short novel The lesson of Sainte-Victoire was inspired from here.

76

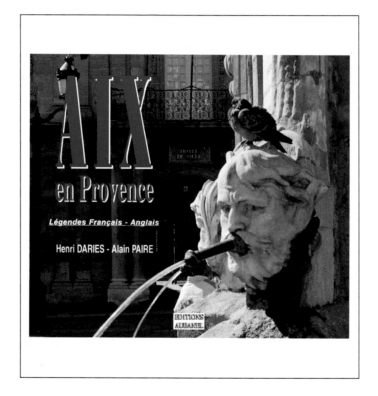

Conception et réalisation :
FABECO
19, avenue de la République
75011 PARIS
Tél. : 49 23 72 20